Julius Evola

METAFÍSICA DE LA GUERRA
Y
LA DOCTRINA ARIA DE LA LUCHA
Y DE VICTORIA

OMNIA VERITAS.

Julius Evola
(1898-1974)

METAFÍSICA DE LA GUERRA
Y
LA DOCTRINA ARIA DE LA LUCHA Y DE VICTORIA

Diorama filosofico, 1935
La dottrina aria di lotta e vittoria, Padova, 1970

© Omnia Veritas Ltd - 2019

Publicado por
Omnia Veritas Ltd

⊘MNIA VERITAS®

www.omnia-veritas.com

Metafísica de la guerra

1

El principio general al cual apelar para justificar la
guerra en el plano de lo humano es el "heroismo".
La guerra, según esto, ofrece al hombre la ocasión
de redescubrir al héroe que anida en él. Rompe la rutina de
la vida cómoda y, a través de las más duras pruebas,
favorece un conocimiento transfigurante de la vida en
función de la muerte. El instante final en el cual un
individuo debe comportarse como un héroe es el último de
su vida terrestre y pesa infinitamente más en la balanza que
toda su existencia vivida monótonamente en la agitación
incesante de las ciudades. Esto es lo que compensa, en
términos espirituales, los aspectos negativos y destructivos
de la guerra que el paternalismo pacifista pone unilateral y
tendenciosamente de relieve. La guerra, estableciendo y
realizando la relatividad de la vida humana, estableciendo
y realizando también el derecho de un "más allá de la vida",
tiene siempre un valor anti-materialista y espiritual.

Estas consideraciones tienen un peso indiscutible y
dejan cortas todas las demagogias del humanitarismo, los
lloriqueos sentimentales y las protestas de los paladines de
los "inmortales principios" y de la internacional de los
"héroes de la pluma". Mientras tanto, es preciso reconocer
que para definir bien las condiciones por las cuales la
guerra se presenta realmente como un fenómeno

espiritual, se debe proceder a un examen ulterior, esbozar una especie de "fenomenología de la experiencia guerrera", distinguir las diferentes formas y jerarquizarlas para dar todo su relieve al punto absoluto que servirá de referencia a la experiencia heroica.

Para ello es preciso referirse a una doctrina que no tiene la estructura de construcción filosófica particular y personal, sino que es, a su manera, una referencia de hecho positiva y objetiva. Se trata de la doctrina de la cuatripartición en todas las civilizaciones tradicionales que da origen a cuatro castas diferentes: siervos, burgueses, aristocracia guerrera y detentadores de la autoridad espiritual. No debe entenderse por casta, como hace la mayoría, una división artificial y arbitraria, sino el lazo que une a los individuos de una misma naturaleza, un tipo de interés y de vocación idéntica, una cualificación original. Normalmente, una verdad y una función determinada definen cada casta y no lo contrario. No se trata pues de privilegios y de formas de vida erigidas en monopolio y basadas en una constitución social conocida, más o menos, artificialmente. El verdadero principio del que proceden estas instituciones, bajo formas históricas más o menos perfectas, es que no existe un modo único y genérico de vivir su propia vida, sino un modo espiritual, es decir, como guerrero, burgués, siervo y, cuando las funciones y reparticiones sociales corresponden ciertamente a esta articulación, según la expresión clásica, estamos ante una organización "procedente de la verdad y de la justicia".

Esta organización se convierte en jerárquica cuando implica una dependencia natural -y con la dependencia la participación- de modos inferiores de vida de aquellos que son superiores, siendo considerado como superior toda personalización de un punto de vista puramente espiritual.

Solamente en este caso, existen relaciones claras y normales de participación y subordinación, como lo ilustra la análoga ofrecida por el cuerpo humano: allí donde no hay condiciones sanas y normales, cuando el elemento físico (siervos) o la vida vegetativa (el burgués), o la voluntad impulsiva y no controlada (guerreros), asumen la dirección o la decisión en la vida del hombre, aparece el caos; pero cuando el espíritu constituye el punto central y último de referencia para las facultades restantes, a las cuales no les es negada por tanto una autonomía parcial, una vida propia y un derecho diferenciado en el conjunto de la unidad, allí aparece el Orden.

Si bien no debemos hablar genéricamente de jerarquía, aunque se trate de la verdadera jerarquía en la que quien está en lo alto y dirige es verdaderamente superior, es preciso hablar y hacer una referencia a los sistemas de civilización basados en una élite espiritual y en donde el modo de vivir del siervo, del burgués y del guerrero terminan por inspirarse en este principio para la justificación de las actividades en que se manifiestan materialmente. Por el contrario, se encuentra en un estado anormal cuando el centro se desplaza y el punto de referencia no es el principio espiritual sino el de la clase servil, burguesa o simplemente guerrera. En cada uno de estos casos, si existe igualmente jerarquía y participación no se trata de algo natural. Se convierte en deformante y subversiva y termina por exceder los límites transformándose en un sistema en donde la visión de la vida, propia de un siervo, orienta y compenetra todos los elementos del conjunto social.

En el plano político, este proceso involutivo es particularmente sensible en la historia de Occidente hasta nuestros días. Los Estados de tipo aristocrático-sacral han sido reemplazados por Estados monárquico-guerreros, ampliamente secularizados y luego ellos mismos a su vez, han sido reemplazados y suplantados por Estados apoyados sobre oligarquías capitalistas (casta de los burgueses y de los mercaderes) y finalmente por tendencias socialistas, colectivistas y proletarias que han encontrado su eclosión en el bolchevismo (casta de los siervos).

Este proceso es paralelo al cambio de un tipo de civilización por otro, de un significado fundamental de la existencia a otra, si bien en cada fase particular de estos conceptos, cada principio, cada institución forma e imprime un sentido diferente, conforme a la nota preponderante.

Esto es igualmente válido para la guerra. Y he aquí como vamos a poder abordar positivamente la tarea que nos propusimos al principio de este ensayo: especificar los diversos significados que pueden asumir el combate y la muerte heroicas. Según se decante bajo el signo de una u otra casta, la guerra se justificaba por motivos espirituales, considerándose como una vía de realización sobrenatural y de inmortalización para el héroe (tema de la Guerra Santa), en el de las aristocracias guerreras se luchaba por el honor y por un principio de lealtad que no se asociaba al placer de la guerra por la guerra. Con el paso del poder a manos de la burguesía se produce una profunda transformación. El concepto mismo de nación se materializa; se crea una concepción anti-aristocrática y natural de la patria y el guerrero da paso al soldado y al "ciudadano" que lucha simplemente por defender o conquistar una tierra, estando los guerreros en general, fraudulentamente guiados por razones o primacías de orden económico o industrial. En fin, allí donde el último estadio ha podido ser alcanzado abiertamente, es en una organización en manos de siervos, tal como expresó perfectamente Lenin: "La guerra entre naciones es un juego pueril, una supervivencia burguesa que no nos atañe. La verdadera guerra, nuestra guerra, es la revolución mundial para la destrucción de la burguesía, y el triunfo de la clase proletaria".

Establecido esto, es evidente que el "héroe" puede ser denominador común que abrace los tipos y significados más diversos. Morir, sacrificar su vida, puede ser válido solamente en el plano técnico-colectivo, incluso en el plano de aquello que se llama hoy brutalmente "material humano". Es evidente que no es en tal plano donde la guerra puede reivindicar un auténtico valor espiritual para el individuo, cuando éste se presenta no como "material", sino -a la manera romana- como personalidad. Esto no se producen a no ser que exista una doble relación entre medio y fin, cuando el individuo es solo un medio en relación con la guerra y con sus fines materiales, sino simultáneamente, cuando la guerra y su entorno deriva como medio en relación con el individuo, ocasión o vía cuyo fin es la realización espiritual, favorecida por la experiencia heroica. Entonces existe síntesis, energía y máxima eficacia. En este orden de ideas y en función de eso que hemos dicho anteriormente, es evidente que todas las guerras no ofrecen las mismas posibilidades. Y ello en razón de analogías en absoluto abstractas, sino positivamente activas, según las vías, invisibles para la mayoría, que existen entre el carácter colectivo preponderante en los diferentes ciclos de civilización y el elemento que corresponde a este carácter en el todo de la entidad humana. Si la era de los mercaderes y siervos es aquella en la que predominan las fuerzas correspondientes a las energías que definen en el hombre el elemento pre-personal, físico, instintivo, telúrico o simplemente orgánico-vital, en la era de los guerreros y en la de los jefes espirituales se expresan fuerzas que corresponden respectivamente, en el hombre al carácter y a la personalidad espiritualizada, realizada según su destino sobrenatural. Según todo lo que desarrolla de trascendente en el individuo es evidente que en una guerra, la mayoría no puede más que sentir colectivamente el despertar correspondiente, más o menos, con la influencia preponderante de esa guerra. En función de cada caso, la experiencia heroica conduce a puntos diversos y, sobre todo, de tres formas.

En el fondo, corresponden a las tres posibilidades de relación que pueden verificarse por la casta guerrera y su principio respecto a las otras articulaciones ya examinadas. Puede verificarse el estado normal de una subordinación al principio espiritual, en donde el heroísmo como desencadenamiento conduce a la supra-vida y a la supra-personalidad. Pero el principio guerrero puede ser un fin en sí rechazando reconocer aquello que hay de superior en él, entonces la experiencia heroica dará lugar a un tipo "trágico", arrogante y templado como el acero, pero sin luz. La personalidad permanece -está incluso reforzada- como le ordena el límite de su lado naturalista y humano. Siempre este tipo de héroe ofrece una cierta garantía de grandeza y naturalmente, para los tipos jerárquicamente inferiores, "burgueses" o "siervos", este heroísmo y esta guerra significan superación, elevación, y realización.

El tercer caso se refiere al principio guerrero degradado, al servicio de elementos jerárquicamente inferiores (última casta). Aquí la experiencia heroica se alinea casi fatalmente con una evocación, un desencadenamiento de fuerzas instintivas, personales, colectivistas, irracionales, provocando finalmente una lesión y una regresión en la personalidad del individuo, el cual, rebajado a tal nivel, está condicionado a vivir el acontecimiento de manera pasiva o bajo la sugestión de impulsos pasionales. Por ejemplo, las célebres novelas de Eric María Remarque no reflejan más que una posibilidad de este género: gentes llevadas a la guerra por falsos idealismos constatan que la realidad es otra cosa. No desertan o abandonan, pero en medio de terribles pruebas, son sostenidos por fuerzas elementales, impulsos instintivos, reacciones apenas humanas, sin conocer un solo instante de luz.

Para preparar una guerra, tanto en el plano material como en el espiritual, es preciso ver clara y firmemente todo esto, afín de poder orientar almas y energías hacia la solución más elevada, la única que conviene a las ideas tradicionales. Luego sería preciso espiritualizar el principio guerrero. El punto de partida podría ser el desarrollo virtual de una experiencia heroica en el sentido de la más elevada de las tres posibilidades que hemos analizado.

Mostrar como esta posibilidad, más alta, más espiritual, ha sido plenamente vivida en las grandes civilizaciones que nos han precedido ilustrando así su aspecto constante y universal es algo que no depende de la simple erudición. Es precisamente lo que nos proponemos hacer a partir de las tradiciones propias a la romanidad antigua y medieval.

2

Hemos visto cómo el fenómeno del heroísmo guerrero ha podido revestir varias formas y obedecer a diferentes significados una vez fijados los valores de auténtica espiritualidad que lo diferencian profundamente.

Por ello vamos a comenzar examinando ciertas concepciones relativas a las antiguas tradiciones romanas.

En general, no hay más que un concepto laico del valor de la romanidad en la antigüedad. El romano no fue más que un soldado en el sentido estricto de la palabra y gracias a sus virtudes militares unidas a una feliz concurrencia de circunstancias hubo conquistado el mundo.

Antes que nada, el romano alimentaba la íntima convicción de que Roma, su "Imperium" y su "Aeternitas" se debían a fuerzas divinas. Para considerar esta convicción romana bajo un ángulo exclusivamente "positivo", es preciso sustituir esta creencia por un misterio: misterio de cómo un puñado de hombres, sin ninguna necesidad de "tierra" o "patria", sin estar poseídos por ninguno de estos mitos o pasiones que tanto acarician los modernos y con las que justifican la guerra y promueven acciones heroicas, sino bajo un extraño e irresistible impulso, fueron arrastrados cada vez más lejos, de país en país, reduciéndolo todo a una "ascesis de poderío". Según testimonios de todos los clásicos, los primeros romanos eran muy religiosos -"nostri maiores religiosissimi mortales"- pero esta religiosidad no permanecía sólo dentro de una esfera abstracta y aislada desbordada en la práctica hacia el mundo de la acción y en consecuencia, abarcaba también la experiencia guerrera.

Un colegio sagrado formado por los "Festivos" presidía en Roma un sistema bien determinado de ritos que servían de contrapartida mística a cualquier guerra, desde su declaración hasta su conclusión. De una manera general, es cierto que uno de los principios del arte militar romano era evitar librar batallas antes que los signos místicos hubiesen, por así decirlo, indicado el "momento".

Con las deformaciones y prejuicios de la educación moderna no se querrá ver en esto más que una superestructura extrínseca hecha a base de un fatalismo extravagante. Pero no era ni lo uno ni lo otro. La esencia del arte augural practicado por el patriciado romano, así como otras disciplinas análogas de carácter más o menos idéntico en el ciclo de las grandes civilizaciones indo-europeas no era descubrir el "destino" a base de una supersticiosa pasividad, sino, por el contrario, descubrir por adelantado los puntos de conjunción con influencias invisibles, para concentrar las fuerzas de los hombres y hacerlas más poderosas, actuando igualmente sobre el plano superior con el fin de barrer, cuando la concordancia era perfecta, todos los obstáculos y resistencias en el plano material y espiritual. Es difícil, pues, a partir de eso, dudar del valor romano, la ascesis romana de la potencia no era sólo en su contrapartida espiritual y sacra, instrumento de la grandeza militar y temporal, sino también un contacto y una unión con las fuerzas superiores.

Si fuese este el momento, podríamos citar numerosa documentación para basar esta tesis. Nos limitaremos sin embargo a recordar que la ceremonia del triunfo tuvo en Roma un carácter mucho más religioso que laico-militar y numerosos elementos permiten deducir que el romano atribuía la victoria de sus "duces" más a un fuerza trascendente, que se manifestaba real y eficazmente a través de ellos en su heroismo e incluso por medio de su sacrificio (como en el rito de la "devotio" en el que los jefes se inmolaban), que a sus cualidades simplemente humanas. De esta forma, el vencedor, revistiendo la "dignitas" del Dios capitolino supremo, a parte del triunfo, se identificaba con él, era su imagen, e iba a depositar en las manos de éste el laurel de su victoria, en homenaje al verdadero vencedor.

En fin, uno de los orígenes de la apoteosis imperial, el sentimiento que bajo la apariencia del Emperador se escondía un "numen" inmortal, está incontestablemente derivado de la experiencia guerrera: el "Imperator", originariamente era el jefe militar aclamado sobre el campo de batalla en el momento de la victoria, pero en ese instante aparecía también como transfigurado por una fuerza llegada de lo alto, terrible y maravillosa, que daba la impresión del "numen". Esta concepción, por otro lado, no es exclusivamente romana, se la encuentra en toda la antigüedad clásico-mediterránea y no se limitaba a los generales vencedores, se extendía a los campeones olímpicos y a lo supervivientes de los combates sangrientos del circo. En Hélade, el mito de los Héroes se confunde con las doctrinas místicas, como el orfismo, identificando al guerrero vencedor con el iniciado, vencedor de la muerte.

Testimonios precisos sobre un heroísmo y un valor emanaban más o menos conscientemente de las vías espirituales, benditos no sólo por las conquistas materiales y gloriosas a donde conducían, sino también por su aspecto de evocación ritual y de conquista espiritual.

Pasemos a otros testimonios de esta tradición que, por su naturaleza, es metafísica y en donde, en consecuencia, el elemento "raza" no puede tener más que una parte secundaria y contingente. Decimos eso, pues más adelante trataremos de la "Guerra Santa" que fue practicada en el mundo guerrero del Sacro Imperio Romano-Germánico. Esta civilización se presentaba como un punto de confluencia creadora de tres elementos: romano uno, cristiano otro y, un último, nórdico.

Respecto al primero, ya hemos hecho alusión a él en el contexto que nos interesa. El elemento cristiano se manifestará bajo los rasgos de un heroísmo caballeresco supranacional con las cruzadas. Queda el elemento nórdico. Con objeto de que nadie se llame a engaño al respecto, señalamos que se trata de un carácter esencialmente suprarracial, por lo tanto incapaz de valorizar o denigrar un pueblo en relación a otro. Para hacer alusión a un plano en el cual nos autoexcluimos de momento, nos limitaremos a decir que en las evocaciones nórdicas más o menos frenéticas que se celebran hoy en día "ad usum delphini" en la Alemania Nazi, por sorprendente que pueda parecer, se asiste a una deformación y a una depreciación de las auténticas tradiciones nórdicas tal como fueron originariamente y tal como se perpetuaron en los Príncipes que tenían por gran honor el poder denominarse "Romanos" aún no siéndolo de raza. Por el contrario, para numerosos escritores "racistas" de hoy, "nórdico" no significa más que "anti-romano" y "romano" tendría más o menos un significado equivalente a "judío".

Dicho esto, es interesante reproducir una significativa fórmula guerrera de la tradición celta: "Combatid por vuestra tierra y aceptad la muerte si es preciso: pues la muerte es una victoria y una liberación del alma". Idéntico concepto corresponde en nuestras tradiciones clásicas a la expresión "mors triunphalis". En cuanto a la tradición realmente nórdica nadie ignora lo relacionado con el Walhalla (literalmente: reino de los elegidos). El Señor de este lugar simbólico es Odín-Wotan que nos aparece en la Ynglingasaga, como aquel que, por su sacrificio simbólico en el "árbol del mundo", habría indicado a los héroes el modo de esperar el divino descanso en el lugar donde se vive eternamente sobre una cima luminosa y resplandeciente, más allá de las nubes. Según esta tradición, ningún sacrificio, ningún culto eran tan gratos a Dios, ni más ricos en recompensa en el otro mundo, como aquel realizado por el guerrero que combate y muere luchando. Aún hay más: el ejército de los héroes muertos en combate debe reforzar la falange de los "héroes celestes" que luchan contra el Ragna-rök, es decir, contra el destino del "obscurecimiento de lo divino" que, según las enseñanzas, como en el caso de las clásicas (Hesíodo) pesa sobre el mundo desde las edades más remotas. Encontramos este tema bajo formas diferentes en las leyendas medievales concernientes a la "última batalla" que librará el emperador jamás muerto. Aquí, para percibir el elemento universal, tenemos que sacar a la luz la concordancia de antiguos conceptos nórdicos (que, digamos de paso, Wagner desfiguró con su romanticismo ampuloso, confuso y teutónico) con las antiguas concepciones iranias y persas. Algunos se sorprenderán al saber que las famosas Walkirias no son quienes recogen las almas de los guerreros destinados al Walhalla, sino la personificación de la parte trascendente de estos guerreros cuyo equivalente exacto son las fravashi que en la tradición irano-persa están representadas como mujeres de luz y vírgenes arrebatadas de las batallas. Personifican más o menos a fuerzas sobrenaturales en que las fuerzas humanas de los guerreros "fieles al Dios de la Luz" pueden transfigurarse y producir un efecto terrible y turbulento en las acciones sangrientas. La tradición irania contenía igualmente la concepción simbólica de una figura divina, Mithra, concebida como el "guerrero sin sueño", que al frente de las fravashi de sus fieles, combate contra los emisarios del dios de las tinieblas, hasta la aparición del Saoshyant, señor de un reino que ha de llegar de "paz triunfal".

Estos elementos de la antigua tradición indo-europea repiten siempre los temas de la sacralidad de la guerra y del héroe que no muere realmente, sino que pasa a ser soldado de un ejército místico en una lucha cósmica, interfiriendo visiblemente con los elementos del cristianismo que puede asumir la divisa "Vita est militia super terram" y reconocer que no solamente con la humildad, caridad, esperanza y demás, sino también con una especie de violencia -la afirmación heroica- es posible acceder al "Reino de los Cielos". Es precisamente de esta convergencia de temas como nació la concepción espiritual de la "gran guerra" propia de la Edad Media de las

Cruzadas y que vamos a analizar decantándonos por adelantado sobre el aspecto interior individual siempre actual de estas enseñanzas.

3

Examinamos de nuevo las formas de la Tradición heroica que permiten a la guerra asumir el valor de una vía de realización espiritual en el sentido más riguroso del término, es decir, de justificación y finalidad trascendental. Ya hemos hablado de las concepciones que, desde este punto de vista, fueron las del antiguo mundo romano. Luego hemos dado un vistazo a las tradiciones nórdicas y al carácter inmortalizante de toda muerte realmente heroica sobre el campo de batalla.

Nos hemos referido necesariamente a estas concepciones para llegar al mundo medieval, a la Edad Media como civilización resultante de la antítesis de tres elementos: el primero romano, seguido del nórdico y finalmente del elemento cristiano. Nos proponemos ahora examinar la idea de la sacralidad de la guerra, tal como fue concebida y cultivada a lo largo de la Edad Media.

Evidentemente deberemos referirnos a las Cruzadas tomadas en un significado más profundo, es decir, no reducidas a determinismos económicos o étnicos, como suelen hacer los historiadores materialistas y mucho menos a un fenómeno de simple superstición y de exaltación religiosa, tal como pretenden algunos espíritus "avanzados", dejándolo en fin como un fenómeno simplemente cristiano.

Sobre este último punto no hemos de perder de vista la relación justa entre fin y medio. Se dice también que en las Cruzadas la fe cristiana se sirvió del espíritu heroico y de la caballería occidental, cuando precisamente fue todo lo contrario. La fe cristiana y sus fines relativos y contingentes de lucha religiosa contra el "infiel, de "liberación del Templo" y de "Tierra Santa", no fueron más que los medios que permitieron al espíritu heroico manifestarse, afirmarse, realizarse en una especie de ascesis distinta de la contemplación, pero no menos rica en frutos espirituales. La de los caballeros que dieron sus fuerzas y su sangre por la "guerra santa" no tenían más que una idea y un conocimiento teologal de lo más vago sobre la doctrina por la cual combatían.

Por otra parte, el contexto de las Cruzadas era rico en elementos susceptibles de conferir un valor y un significado superiores. A través de las vías del subconsciente, mitos trascendentales reafloran en el alma de la caballería medieval: la "conquista de la "Tierra Santa" situada "más allá de los mares" presenta, en efecto, infinitamente más referencias reales que las supuestas por los historiadores con la antigua saga según la cual "en el lejano oriente, en donde se alza el sol, se encuentra la ciudad sagrada en donde la muerte no reina sino que los valerosos héroes que saben esperarla gozan de una celestial serenidad y de una vida eterna". Por encontrar otra analogía diremos que la lucha contra el Islam revistió, por su naturaleza, desde el principio, el significado de una prueba ascética.

"No se trata de combatir por los reinos de la tierra - escribió Kluger, el célebre historiador de las Cruzadas- sino por el reino de los cielos; las Cruzadas no tuvieron como resorte a los hombres sino a Dios, (...) no se deben pues considerar como el resto de los acontecimientos humanos". La guerra santa debía, según la expresión de un antiguo cronista, compararse "con el bautismo semejante al fuego del purgatorio antes de la muerte". Los Papas y los predicadores comparaban simbólicamente aquellos que morían en las Cruzadas con el "oro tres veces ensayado y tres veces purificado por el fuego" que podía conducir al "Dios supremo".

"No olvidéis jamás este oráculo -decía San Bernardo- ya vivamos, ya muramos, del Señor somos. Qué gloria para vosotros salir de la confrontación cubiertos de laureles. Pero qué alegría más grande la de ganar sobre el campo de batalla una corona inmortal... Oh, condición afortunada, en la que se puede afrontar la muerte sin temor, incluso desearla con impaciencia y recibirla con el corazón firme". La gloria absoluta estaba prometida al cruzado -gloria asolue, en provenzal- pues, a parte de la imagen religiosa se le ofrecía la conquista de la supravida, del estado sobrenatural de la existencia. Así Jerusalén, fin codiciado de la conquista, se presentaba simbólicamente, como ciudad celeste e inmaterial, pero también como una ciudad terrestre, es decir, que ante este doble aspecto la Cruzada tomaba un valor interior, independiente de todos sus aparatos, sus soportes y sus motivaciones aparentes.

Por lo demás, fueron las órdenes de caballería quienes ofrecieron el tributo más grande a las Cruzadas, con la Orden del Temple y la de los Caballeros de San Juan de Jerusalén, compuestas por hombres que, como el monje cristiano, tendían a despreciar la vanidad de esta vida; en tales órdenes se encontraban guerreros fatigados por el mundo, que habían visto y gustado de todo, prestos a una acción total que no sostenían ningún interés por la vida material temporal ni por la política ordinaria, en el sentido más estricto. Urbano II se dirigió a la caballería como a la comunidad supranacional de aquellos "dispuestos a partir hacia donde estallara una guerra, a fin de llevar el terror de sus armas para defender el honor y la justicia"... con más razón debían escuchar y atender la llamada de las Cruzadas y de la "Guerra Santa", guerra que, según la apropiación de uno de los escritores de la época, no tiene por recompensa un feudo terrestre, revocable y contingente, sino un "feudo celeste".

Pero el desarrollo mismo de las Cruzadas, en capas más amplias y en el plano ideológico general provocó una purificación y una interiorización del espíritu de iniciativa. Tras la convicción inicial de que la guerra por la "verdadera" fe no podía tener más que una salida victoriosa, los primeros fracasos militares sufridos por los ejércitos cruzados fueron un foco de sorpresas y asombro, pero a la postre sirvieron, no obstante, para sacar a la luz su aspecto más elevado.

El resultado desastroso de una Cruzada era comparado por los clérigos de Roma al destino de la virtud desgraciada que no es juzgada y recompensada más que en función de otra vida. Y esto anunciaba el reconocimiento de algo superior tanto en la victoria como en derrota, la colocación en el primer plano del aspecto propio a la acción heroica cumplimentada independientemente de los frutos visibles y materiales, casi como una ofrenda transformando el holocausto viril de toda la parte humana en "gloria absoluta" inmortalizante.

Es evidente que de esta manera se debía terminar por esperar un plano, por así decir, supratradicional, tomando la palabra "tradición" en su sentido más estrecho, más histórico y religioso. La fe religiosa en particular, los fines inmediatos, el espíritu antagonista, se convertían entonces como lo es la naturaleza variable de un combustible destinado solamente a producir y alimentar una llama. El punto central seguía siendo el valor santo de la guerra, pero se prefiguraban igualmente la posibilidad de reconocer que aquellos que inicialmente eran adversarios, parecían atribuir a este combate el mismo significado.

Este es uno de los elementos gracias al cual los Cruzados sirvieron, a pesar de todo, para facilitar un intercambio cultural entre el Occidente gibelino y el Oriente árabe (punto de reencuentro, a su vez, de elementos tradicionales más antiguos), pues la tendencia a esta convergencia va más allá de lo que la mayoría de los historiadores han demostrado hasta el presente. Las órdenes de caballería árabes, análogas a las occidentales en el plano de la ética, las costumbres y la simbología, se encontraron frente a las órdenes de caballería cristianas, y por ello la "guerra santa" que había dirigido a las dos civilizaciones, una contra otra en nombre de sus religiones respectivas, permitió igualmente su reencuentro y hablando en nombre de dos creencias diferentes, cada una terminó por dar a la guerra un valor espiritual análogo.

A partir de este momento, fuerte en su fe, el caballero árabe se elevó; se elevó al mismo nivel supratradicional que el caballero cruzado mediante su ascetismo heroico.

Este es otro punto a aclarar. Aquellos que juzgan las Cruzadas remitiéndolas a uno de los episodios más extravagantes de la "oscura" Edad Media, no suponen que lo que definen como "fanatismo religioso" es la prueba tangible de la presencia y de la eficacia de una sensibilidad y de un tipo de decisión cuya ausencia caracteriza la barbarie auténtica, ya que el hombre de las Cruzadas sabía todavía dirigirse, combatir y morir por un motivo que, en su esencia, era suprapolítico y suprahumano. Se asociaba así a una unión basada no sobre lo particular sino sobre lo universal.

Naturalmente no puede confundirse esto pensando que la motivación trascendente pudiera ser una excusa para hacer al guerrero indiferente, negligente a los deberes inherentes a su pertenencia a una raza y a una patria. Por el contrario, esencialmente se trataba de significados profundamente diferentes según los cuales, acciones y sacrificios pueden ser vividos y vistos desde el exterior, siendo absolutamente los mismos.

Existe una diferencia radical entre quien hace simplemente la guerra y quien, por el contrario, en la guerra hace también la "Guerra Santa", viviendo una experiencia superior, deseada, deseable y esperada para el espíritu. Si tal diferencia es, ante todo, interior, bajo el impulso de todo lo que interiormente tiene una fuerza, traduciéndose también hacia el exterior, derivando efectos, sobre otros planos y, más particularmente, en los términos de "irreductibilidad" del impulso heroico: quien vive espiritualmente el heroísmo está cargado de una tensión metafísica, estimulado por un aliento cuyo objeto es "infinito" y superará siempre aquello que anima a quien combate por necesidad, por oficio o bajo el impulso de instintos o sugestiones.

En segundo lugar, quien combate en una "Guerra Santa" espontáneamente se sitúa más allá de todo particularismo, viviendo un clima espiritual que, en un momento dado, puede muy bien dar nacimiento a una unidad supranacional de acción. Es precisamente esto lo que se verificó en las Cruzadas, cuando príncipes y jefes de todos los países se unieron para la empresa heroica y santa, más allá de sus intereses particulares y utilitarios y de las divisiones políticas, realizando por vez primera una unidad europea conforme a su civilización común y al principio mismo del Sacro Imperio Romano Germánico.

Si debemos abandonar el "pretexto" y aislar lo esencial de lo contingente, encontraremos un elemento precioso que no se limita a un período histórico determinado. Rechazar, conducir la acción sobre un plano "ascético", justificarla también en función de este plano, significa separar todo antagonismo condicionado por la materia, preparar el lugar de las grandes distancias y los amplios frentes, para redimensionar, poco a poco, los fines exteriores de la acción en su nuevo significado espiritual: tal como se verifica cuando no es sólo por un país o por ambiciones temporales que uno combate, sino en nombre de un principio superior de civilización, de una tentativa de eso que, por ser metafísico, nos hace ir hacia delante, más allá de todo límite, más allá de cualquier peligro y de no importa qué destrucción.

4

No se encontrará extraño que tras haber examinado un conjunto de tradiciones occidentales relativas a la guerra santa, es decir, a la guerra como valor espiritual, nos propongamos ahora examinar este concepto tal como ha sido formulado por la tradición islámica. En efecto, nuestro fin, tal como hemos señalado en varias ocasiones, es poner de relieve el valor objetivo de un principio a través de la demostración de su universalidad, de su conformidad quid ubique, quiod ad imnibus et quod semper. Solamente así, se puede tener la sensación de que ciertos valores tienen una categoría absolutamente diferente de lo que pueden pensar unos y otros, sino también que en su esencia son superiores a las formas particulares que han asumido para manifestarse en las tradiciones históricas. Contra más se reconozca la correspondencia interna de estas formas y su principio único, más se podrá profundizar en su propia tradición, hasta poseerla y comprenderla íntegramente partiendo de su punto original y especialmente metafísico.

Históricamente es preciso subrayar que la tradición islámica, en el tema que nos interesa, es de alguna manera heredera de la persa, es decir, de una de las más altas civilizaciones indo-europeas. La concepción mazdeísta del Dios de la Luz y de la existencia sobre la tierra como una lucha incesante para arrancar seres y cosas al poder del anti-dios, es el centro de la visión persa de la vida. Es precisamente capital considerarla como la contrapartida metafísica y el fondo espiritual de las hazañas guerreras en cuyo apogeo tuvo lugar la edificación persa del imperio del "Rey de Reyes". Tras la caída de la civilización árabe medieval, bajo formas más materiales y en ocasiones exasperadas, pero sin anular jamás el motivo original de la espiritualidad islámica, todos estos contenidos subsistieron.

Así nos referiremos a tradiciones de éste género, sobre todo porque ponen de manifiesto un concepto muy útil para aclarar ulteriormente el orden de ideas que nos proponemos exponer. Se trata del concepto de la "Guerra Santa", distinto de la "pequeña guerra", pero al mismo tiempo ligada a esta última según una correspondencia particular. La distinción se basa en un hadith del Profeta, el cual, llegado de una expedición guerrera había dicho: "Hemos vuelto de la pequeña guerra santa para la gran guerra santa".

La "pequeña guerra" corresponde a la guerra exterior, a la que, siendo sangrienta, se hacía con armas materiales contra el enemigo, contra el "bárbaro", contra una raza inferior frente a la cual se reivindicaba un derecho superior o en fin, cuando la empresa estaba dirigida por una motivación religiosa, contra el "infiel". Por terribles y trágicas que puedan ser las incidencias, por monstruosas como sean las destrucciones no deja de ser menos cierto que esta guerra, metafísicamente, es siempre la "pequeña guerra". La "Gran Guerra Santa" es, al contrario, de orden interior e inmaterial, es el combate que se libra contra el enemigo, el "bárbaro" o el "infiel" que cada uno abriga en sí y que ve aparecer en sí mismo en el momento en que ve sometido todo su ser una ley espiritual: tal es la condición para esperar la liberación interior, la "paz triunfal" que permite participar en ella a aquel que está más allá de la vida y de la muerte, pues en tanto que deseo, tendencia, pasión, debilidad, instinto y lasitud interior, el enemigo que está en el hombre debe ser vencido, quebrado en su resistencia, encadenado, sometido al hombre espiritual.

Se dirá que esto es simplemente ascetismo. La Gran Guerra Santa es la ascesis de todos los tiempos. Y alguno estará tentado de añadir: es la vía de aquellos que huyen del mundo y que, con la excusa de una lucha interior se transforman en un tropel de pacifistas. No es nada de todo esto. Tras la distinción entre las dos guerras, expongamos ahora su síntesis. Lo propio de las tradiciones heroicas es prescribir la "pequeña guerra", es decir, la verdadera guerra, sangrienta, como un instrumento para la "Gran Guerra Santa", hasta el punto de que, finalmente, las dos no terminan siendo más que una sola cosa.

Así, en el Islam, "guerra Santa", guiad y "Vía de Dios" son utilizados indiferentemente. Quien combate lo hace sobre la "Vía de Dios". Un célebre hadith característico de esta tradición dice: "La sangre de los Héroes está más cerca del Señor que la tinta de los sabios y las oraciones de los devotos". Aquí también, como en las tradicionales de las que ya hemos hablado, la acción asume el exacto valor de una superación interior y de acceso a una vida liberada de la obscuridad, de lo contingente, de la incertidumbre y de la muerte. En otros términos, las situaciones y los riesgos inherentes a las hazañas guerreras provocan la aparición del "enemigo interior", el cual, en tanto que instinto de conservación, dejadez, crueldad, piedad o furor ciego, sirve como aquello que es preciso vencer en el acto mismo de combatir al enemigo exterior. Esto muestra que el aspecto central está constituido por la orientación interior, la permanencia inquebrantable de aquello que es espíritu en la doble lucha: sin participación ciega, ni transformación en una brutalidad desencadenada, sino, por el contrario, dominio de las fuerzas más profundas, control para no estar jamás arrastrado interiormente sino permaneciendo siempre como dueño de sí mismo, lo que permite afirmarse más allá de cualquier límite. Abordaremos ahora una imagen de otra tradición en donde esta situación está representada por un símbolo característico: un guerrero y un ser divino impasible, el cual, sin combatir, sostiene y conduce al soldado junto al cual se encuentra sobre el mismo carro de combate. Es la personificación de la dualidad de los principios que el verdadero héroe posee, ya que las emanaciones tienen siempre algo de eso sagrado de lo que es portador. En la tradición islámica, se lee en uno de sus textos: "El combate es la vía de Dios (es decir, la guerra santa) aquel que sacrifica la vida terrestre por la del más allá, combate por la vía de Dios, ya resulte muerto o vencedor y recibirá una inmensa recompensa". La premisa metafísica según la cual se prescribe: "Combatid según la guerra santa a aquellos que hagan la guerra", "matadles donde los encontréis y aplastadlos", "no os mostréis débiles, no les invitéis a la paz", pues "la vida terrestre es solamente fuego que se extingue" y "quien se muestra avaro no es avaro más que consigo mismo". Este último principio evidentemente puede compararse a aquel otro evangélico: "El que quiere salvar su propia vida la perderá y quien la pierda obtendrá la vida eterna", confirmado por este texto: "¿Qué hicisteis vosotros que creéis cuando se os ordenó: descended a la batalla para la guerra santa? Os quedasteis inmóviles. Habéis, pues, preferido este mundo a la vida futura" por lo tanto "vosotros ¿esperáis de nosotros recompensa y no las dos supremas, victoria o sacrificio?"

Este otro fragmento es digno de atención: "La guerra os ha sido ordenada, aunque os disguste. Pero algo que es bueno para vosotros puede disgustaros y gustaros lo que es malo. Dios sabe, entonces que vosotros no sabéis nada".

Aquí tenemos una especie de "amor fati", una intuición misteriosa, evocación y realización heroica del destino, con la íntima certeza de que, cuando hay "intención justa", cuando la inercia y la lasitud son vencidas, al álito va más allá de la propia vida y de la de los otros, más allá de la felicidad y de las aflicciones guiando en el sentido de un destino espiritual y de una sed de existencia absoluta, dando nacimiento a una fuerza de la que no podrá carecer el fin absoluto. La crisis de una muerte trágica y heroica se vuelve una contingencia sin interés, lo que, en términos religioso está expresado así: "Para aquellos que mueren en la vía de Dios (en la Guerra Santa) su realización no se perderá. Dios los guiará y dispondrá de su alma haciéndolos entrar en el paraíso revelado".

De esta manera el lector se encuentra de nuevo con ideas expuestas anteriormente, basadas en las tradiciones clásicas o nórdico-medievales relativas a una inmortalidad privilegiada reservada a los héroes, los únicos que, según Hesiodo, habitan en las islas simbólicas en las que se desarrolla una existencia luminosa e intangible a imagen de la de los dioses olímpicos. En la tradición islámica existen frecuentemente alusiones al hecho de que ciertos guerreros, muertos en combate no estarían realmente muertos, afirmación no simbólica sino real, como también es real la existencia de ciertos estados supra-humanos, separados de las energías y de los destinos de los vivientes. Es cierto que aún hoy y precisamente en España e Italia, los ritos por los cuales una comunidad guerrera declara "presentes" a sus muertos en el campo del honor ha conseguido una fuerza singular. Es la idea del héroe que no está verdaderamente muerto, como la de los vencedores que, a la imagen del César romano, permanecen como "vencedores perpetuos" en el centro de la raza.

5

Finalizaremos este breve estudio consagrado a la guerra como valor espiritual, refiriéndonos a una última tradición del ciclo heroico indo-europeo, el Bhagavad-Gita, el más célebre texto seguramente de la antigua sabiduría hindú, escrito esencialmente para la casta guerrera.

Su elección no es arbitraria y no se debe en absoluto al exotismo. Al igual que la tradición islámica nos ha permitido formular, en lo universal, la idea de la "guerra santa", contrapartida posible y alma de una guerra exterior, la tradición transmitida por el texto hindú nos permitirá encuadrar definitivamente nuestro tema de análisis en una visión metafísica.

En un plano más exterior, esta referencia al Oriente hindú, nos parece igualmente útil para rectificar las opiniones y los criterios, así como la comprensión supratradicional, pues tales son los fines que perseguimos. Durante mucho tiempo han prevalecido las antítesis artificiales entre Oriente y Occidente: artificiales porque están basadas en el último Occidente, en el Occidente moderno y materialista que, finalmente, tiene muy poco que ver con el que le precedió, con la verdadera y gran civilización occidental. El Occidente moderno se opone tanto al Oriente como al antiguo Occidente. Si nos remitimos a los tiempos antiguos encontraremos efectivamente un patrimonio étnico y cultural ampliamente común, que corresponde a un único denominador indoeuropeo. Las formas originales de vida, de espiritualidad, de instituciones de los primeros colonizadores de la India y del Irán tienen muchos puntos de contacto con aquellos pueblos helénicos y nórdicos e incluso con los antiguos romanos.

Vamos a abordar ahora las tradiciones que nos dan un ejemplo de la afinidad de la concepción espiritual común del combate, de la acción y de la muerte heroica, contrariamente a la idea recibida que nos hace pensar, al oír hablar de la civilización hindú, en el nirvana, el fakirismo, la evasión del mundo, y la negación de los "valores de la personalidad".

El Bhagavad-Gita está construido en forma de diálogo entre un guerrero, Arjuna y un dios, Khrisna, su maestro espiritual. El diálogo tiene lugar con ocasión de una batalla en la que Arjuna vacila en lanzarse a la acción frenado por escrúpulos humanitarios. Interpretados en clave esotérica, estas dos figuras de Arjuna y Khrisna no son, en realidad, más que una sola, pues representan las dos partes del ser humano: Arjuna, el principio de la acción, Khrisna el del conocimiento trascendente. El diálogo se transforma en una especie de monólogo con una finalidad tanto de clarificación interior y resolución heroica como espiritual del problema de la acción guerrera que se había impuesto a Arjuna en el mismo momento de descender al campo de batalla.

Pues la piedad que impide al guerrero combatir cuando

descubre en las filas enemigas a viejos amigos y a algunos parientes, es calificada por Khrisna (el principio espiritual) de trastorno indigno de los arios que cierra las puertas del Cielo y solo depara la vergüenza. De esta manera surge el tema que ya habíamos encontrado a menudo en las enseñanzas tradicionales de Occidente: "Si mueres ganarás el cielo; si lograr la victoria, poseerás la tierra... levántate, hijo de Kunti para combatir firme y resuelto".

Al mismo tiempo que se perfila el tema de una "guerra interior" que es preciso llevar contra sí mismo: "Sabiendo pues que la razón es más fuerte, afírmate en ti mismo y mata al enemigo de las formas mutables". El enemigo exterior tiene por paralelo a un enemigo interior, que es la pasión, la sed animal de la vida. He aquí como es definida la justa orientación: "Refiere en mí todas las obras, piensa en el Alma Suprema; y sin esperanza, sin inquietud de ti mismo, combate sin un ápice de tristeza".

Es preciso asaltar la llamada a la lucidez, supraconsciente, supra-apasionada de heroísmo, que no debe pasar desapercibida en este fragmento donde se subraya el carácter de pureza, de absoluto, que debe tener la acción y que solo puede tener en términos de "guerra santa": "Ten por igual placer y plenitud, ganancia y pérdida, victoria y derrota y sé íntegro en la batalla: así evitarás el pecado". De esta forma se impone la idea de un "pecado" referido a un estado de voluntad incompleta y de acción, interiormente todavía alejado de la elevación en relación a la cual la vida significa poco, tanto la propia como la de los otros y en donde ninguna medida humana tiene valor. Si se permanece en este plano, el anterior texto ofrece consideraciones de orden absolutamente metafísico, intentando demostrar como en tal nivel, termina por actuar sobre el guerrero una fuerza más divina que humana. La enseñanza que Khrisna (principio del conocimiento) dispensa a Arjuna (principio de la acción) para poner fin a sus vacilaciones, tiende sobre todo a realizar la distinción entre lo que es incorruptible como espiritualidad absoluta y lo que existe solo de una manera ilusoria como elemento humano y material: "Aquel que no es, no puede ser y aquel que es no puede dejar de ser (...) se sabe indestructible aquel por quién ha sido desarrollado este universo (...) quien cree que mata o que es muerto se equivoca; no mata, no es muerto, ni siquiera cuando se mata el cuerpo (...) combate pues, oh Bharata".

Pero eso no es todo. A la conciencia de la irrealidad metafísica de lo que se puede perder o hacer perder, como vida caduca o cuerpo mortal, conciencia que encuentra su equivalente en una de las tradiciones que ya hemos examinado, donde la existencia humana es definida como "juego y frivolidad", se asocia la idea de que el espíritu, en su absoluto, en su trascendencia ante todo lo que es limitado e incapaz de superar este límite, no puede presentarse más que como una fuerza destructora. Es por ello que se plantea el problema de ver en qué términos en el ser, instrumento necesario de destrucción y muerte, el guerrero puede evocar al espíritu, justamente bajo ese aspecto, hasta el punto de identificarse a él.

El Bhagavad-Gita nos lo dice exactamente cuando el dios declara: "Yo soy la virtud de los fuertes exenta de virtud y deseo (...) en el fuego el esplendor; la vida en todos los seres; la continencia en los ascetas (...) la ciencia en los sabios; el valor en los valientes".

Luego el dios se manifiesta a Arjuna bajo su forma trascendental, terrible y fulgurante, ofreciendo una visión absoluta de la vida: tales como lámparas sometidas a una luz demasiado intensa, los circuitos poseedores de un potencial demasiado alto, los seres vivientes caen solo porque en ellos arde una fuerza que transciende a su perfección, que va más allá de todo lo que pueden y quieren. Es por esto que se convierten, esperan en una cima y, como arrastrados por las olas a las cuales se abandonan y que les habían conducido hasta cierto punto, se funden, se disuelven, mueren, retornando a lo no- manifestado. Pero aquel que no teme a la muerte, que sabe asumir su muerte llegado el momento y todo lo que le destruye, le esclaviza, le rompe, termina por franquear el límite, llega a mantenerse sobre la cresta de las olas, no se hunde, sino que, por el contrario, está más allá de la vida que se manifiesta en él. Por ello Khrisna, la personificación del principio espiritual, tras haberse revelado en su totalidad a Arjuna, puede decir: "Excepto tú, no quedará uno solo de los soldados que constituyen estos dos ejércitos, levántate y busca la gloria; triunfa sobre tus enemigos y adquiere un gran Imperio. Yo estoy seguro de su pérdida: son sólo el instrumento (...) mátalos pues; no te preocupes; combate y vencerás a tus rivales.

Encontramos pues la identificación de la guerra, con la "Vía de Dios" que ya habíamos visto en páginas precedentes. El guerrero cesa de actuar en tanto persona. Una gran fuerza no humana, a este nivel, transfigura la acción, la vuelve absoluta y "pura", allí precisamente donde debe ser más extrema. He aquí una imagen muy elocuente, perteneciente a ésta tradición: "La vida es como un arco, el alma como una flecha, el espíritu como la flecha proyectada que se clava en el blanco". Es una de las más elevadas formas de la justificación metafísica de la guerra, una de las imágenes más completas de la guerra como "guerra santa".

*   *   *

Para terminar esta disgresión sobre las formas de la tradición heroica tal como nos la han presentado épocas y pueblos diversos añadiremos algunas palabras a modo de conclusión.

Esta excursión en un mundo que podrá parecer a algunos insólito y carente de relaciones con el nuestro, no la hemos hecho por curiosidad o para desplegar nuestra erudición. La hemos hecho, al contrario, con el fin preciso de demostrar lo sagrado de la guerra, es decir, como la posibilidad de justificar la guerra espiritualmente y su necesidad constituye, en el sentido más elevado del término, una tradición. Esto es algo que se ha manifestado siempre y en todo lugar en los ciclos ascendentes de todas las grandes civilizaciones.

En este punto debemos regresar a aquello que escribimos al principio de este estudio, mostrando que existen diversas maneras de "ser héroe" (incluso aquella animal y subpersonal) por lo tanto lo que cuenta no es tanto la posibilidad vulgar de lanzarse a la batalla y sacrificarse, sino el espíritu según el cual se puede vivir una aventura de éste género. Nosotros tenemos, a partir de ahora, todos los elementos para precisar, entre los diferentes aspectos de la experiencia heroica, aquellos que pueden considerarse como absolutos, que pueden verdaderamente identificar la guerra con la "Vía de Dios", y en los héroes, puede dejar entrever realmente una manifestación divina.

Pero es preciso recordar también que el punto donde la vocación guerrera aspiraba realmente a una altura metafísica, reflejando la plenitud de lo universal, es aquel en que una raza tendía a una manifestación y a una finalidad igualmente universales. Lo que significa que no pueda sino predestinar a esta raza o Imperio. Pues solo el Imperio como tal es un orden superior en donde reina la "Pax Triunphalis", reflejo terrestre de la soberanía del supramundo, comparable a las fuerzas que, en el terreno del espíritu manifiestan las mismas características de pureza, de poderío, de ineluctabilidad, de trascendencia en relación a todo lo que de pathos, pasión y limitación humana, se refleja en las grandes y libres energías de la naturaleza.

Il Conciliatore (15 de marzo de 1969).

La Doctrina Aria de la Lucha y de Victoria

Conferencia dada por Julius Evola
en el *Instituto Kaiser Wilhelm* de Roma
el 7 de Diciembre de 1940

La decadencia de Occidente, según la concepción de una reputada crítica de la civilización de Occidente, es claramente reconocible por dos características principales: en primer lugar, por el desarrollo patológico de todo aquello que es *activismo*; en segundo lugar, por el desprecio hacia los valores del Conocimiento interior y de la Contemplación.

Esta crítica no entiende por Conocimiento al racionalismo, al intelectualismo o a otros vacíos juegos de palabras; y no entiende por Contemplación un alejamiento del mundo, una renuncia o un alejamiento monacal mal comprendido. Al contrario, Conocimiento interior y Contemplación representan las formas de participación normales y más apropiadas del hombre en la Realidad sobrenatural, supra-humana y supra-racional. A pesar de esta aclaración, en la base de la concepción indicada existe una premisa inaceptable para nosotros, ya que, tácitamente y de hecho, se admite que toda acción en el dominio material es limitativa, y que el más alto dominio espiritual sólo es accesible por otras vías que no son las de la acción.

En esta idea se reconoce claramente la influencia de una concepción de la vida básicamente ajena al espíritu de la raza aria, pero que, sin embargo, está tan profundamente unida ya al pensamiento del Occidente cristiano, que se la encuentra igualmente en la concepción imperial de Dante. La oposición entre Acción y Contemplación era, por el contrario, desconocida por los antiguos arios. Acción y Contemplación no estaban enfrentadas como los dos términos de una oposición. Designaban únicamente sólo palabras distintas para la misma realización espiritual. Dicho de otro modo, se estimaba entre los antiguos arios que el hombre podía sobrepasar el condicionamiento individual no solamente por la Contemplación sino también por la Acción.

Si nos alejamos de esta idea primera, entonces el carácter de decadencia progresiva de la civilización occidental debe ser interpretado de diferente forma. La tradición de la acción es típica de las razas ario-occidentales. Pero esta tradición se desvía progresivamente. Así es en el Occidente actual, donde se ha llegado a conocer y honrar solamente una acción secularizada y materializada, privada de toda forma de contacto trascendente, una acción profanada que, fatalmente, debía degenerar en fiebre o en manía, reduciéndose al obrar por el obrar, o bien a un hacer que está ligado solamente a efectos condicionados por el tiempo. A una acción así degenerada no responden, en el mundo moderno, valores ascéticos y auténticamente contemplativos sino únicamente una cultura brumosa y una fe pálida y convencional. Tal es nuestro punto de vista sobre la situación.

Si la "vuelta a los orígenes" es el concepto base de todo movimiento actual de renovación, entonces debe valer como tarea indispensable, de vuelta consciente, el comprender la concepción aria primordial de la Acción. Esta concepción aria debe tener un efecto transformador y evocar en el Hombre Nuevo, de Buena Raza, unas fuerzas vitales dormidas.

* * *

Hoy y aquí queremos atrevernos a hacer un breve *excursus*, precisamente justo en el universo del pensamiento del mundo ario primordial, con el objetivo de sacar de nuevo a la luz algunos elementos fundamentales de nuestra tradición común, poniendo una atención especial en los significados arios de la guerra, la lucha y la victoria.

Naturalmente, para el antiguo guerrero ario la guerra, como tal, respondía a una lucha eterna entre fuerzas metafísicas. De un lado está el principio olímpico de la Luz, la realidad solar y uraniana; de otro, la violencia brutal del elemento "titánico- telúrico", *bárbaro* en el sentido clásico, "femenino-demoníaco". Este tema de aquella lucha metafísica aparecería de mil formas en todas las tradiciones de origen ario. Así, toda lucha a nivel material era tomada, con una conciencia más o menos grande, como un episodio de esta antítesis. Ya que la arianidad se consideraba como milicia del principio olímpico, es necesario hoy, por tanto, restablecer esta vía de los antiguos arios, e igualmente conceder legitimidad o la consagración suprema al derecho al poder y a la concepción imperial misma, ahí donde, en el fondo, parece bien evidente su carácter anti-secular.

En la imaginación de este mundo tradicional toda realidad se transformaba en símbolo... Esto también vale para la guerra desde el punto de vista subjetivo e interior. Así podían ser fundidos, en una sola entidad, guerra y camino hacia lo divino.

Los significativos testimonios que nos ofrecen las diversas tradiciones nórdico- germánicas son bien conocidos por todos. De todos modos, debemos decir que estas tradiciones, tal como nos han llegado, se ven fragmentadas y mezcladas; muy a menudo representan la materialización de las mas altas tradiciones arias primordiales, pero caídas a nivel de supersticiones populares. Esto no nos impide fijar algunos puntos.

Ante todo, como sabemos, el «*Walhalla*» es la capital de la inmortalidad celeste, y principalmente reservado a los héroes caídos en el campo de batalla. El señor de estos lugares, Odín-Wotan, es representado en la saga «*Ynglinga*» como aquel que por su sacrificio simbólico en el árbol cósmico *Ygdrasil* ha indicado el camino a los guerreros, camino que conduce a una residencia divina, donde siempre florece la vida inmortal. Conforme a esta tradición, de hecho ningún sacrificio o culto es más agradable para el dios supremo, y ningún otro esfuerzo obtiene más ricos frutos supra-terrestres, que aquel que han ofrecido los que han muerto combatiendo en el campo de batalla. Pero hay mucho más. Tras la oscura representación del «*Wildes Heer*» [ejército salvaje, horda tempestuosa] se esconde también el siguiente significado fundamental: a través de los guerreros que, cayendo, ofrecen un sacrificio a Odín, se forman aquellas tropas que el dios necesitará para la última definitiva batalla del «*Ragnarök*», es decir, contra ese fatal "oscurecimiento de lo divino" que ya desde los tiempos antiguos planea amenazante sobre el mundo.

Hasta aquí, por consiguiente, el genuino motivo ario de la fuerte lucha metafísica es claramente expuesto a la luz. En los «*Edda*» quedaría igualmente dicho: "Por muy grande que pueda ser el numero de los héroes reunidos en el «*Walhalla*» nunca será lo suficientemente grande cuando el lobo irrumpa" (texto *Gylfaginning*). El lobo es aquí la imagen de esas fuerzas oscuras y salvajes que el mundo de los «*Ases*» ha logrado someter. La concepción ario-irania de Mitra, "el guerrero sin sueño", es de hecho análoga: el que a la cabeza de las «*Fravashi*» y de sus fieles libra batalla contra los enemigos del dios ario de la luz. Hablaremos, inmediatamente después, de las «Fravashi» y examinaremos su estrecha correlación con las «*Walkyrias*» de la tradición nórdica. Por otra parte intentaremos clasificar también el significado de la "Guerra Santa" a través de otros testimonios concordantes. No hay que sorprenderse si hacemos, en este contexto, ante todo, referencia a la tradición islámica. La tradición islámica tiene aquí el lugar de la tradición ario-irania. La idea de la "guerra santa" —al menos en lo que concierne a los elementos aquí examinados— llegará a las tribus árabes por el universo del pensamiento iranio; tiene por tanto, al mismo tiempo, el sentido de un tardío renacimiento de una herencia aria primordial, y desde este punto de vista puede ser utilizada sin ninguna duda.

Está admitido que se distingue en esa tradición en cuestión dos "guerras santas"; es decir la "grande" y la "pequeña" Guerra Santa. Esta distinción se funda en unas palabras que el Profeta pronuncia tras volver de una incursión guerrera: "Hemos vuelto de la pequeña guerra a la gran guerra santa". En este contexto, la gran guerra santa pertenece a niveles espirituales. La pequeña guerra santa es por el contrario la lucha psíquica, material, la guerra conducida en el mundo exterior. La gran guerra santa es la lucha del hombre con sus propios enemigos, los que lleva en si mismo. Más exactamente, es la lucha del elemento sobrenatural del propio hombre contra todo lo que resulta instintivo, ligado a la pasión, caótico, sujeto a las fuerzas de la Naturaleza.

Tal es la idea, también, que aparece recogida en el «*Bhagavad-Gitâ*», ese antiguo gran tratado de la sabiduría guerrera aria: "Conociendo aquello que está sobre el pensamiento, afírmate en tu fuerza interior y golpea, guerrero de largos brazos, a ese temible enemigo que es el deseo" (*Bhagavad-Gitâ* III, 43). Una condición indispensable para la obra interior de liberación es que este enemigo debe quedar aniquilado de forma deliberada. En el cuadro de la tradición heroica, aquella pequeña guerra santa —es decir, una guerra como lucha exterior—, sirve solamente como medio por el cual se realiza justamente esa gran guerra santa. Y por esta razón, en los textos, "guerra santa" y "camino hacia Dios" son a menudo sinónimos. Así leemos en el *Corán*: "Combaten en el Camino de Dios" —es decir, en la Guerra Santa— "aquellos que sacrifican esta vida terrestre a la vida futura; pues a aquel que combate y muere sobre el camino de la Vía de Dios, o a aquel que consigue la victoria, le daremos una gran recompensa" (*Corán* VI, 76). Y, más adelante: "A aquellos que caen sobre el camino de la Vía de Dios, Él nunca dejará que se pierdan sus obras; los guiará y dará mucha paz a sus corazones, y los hará entrar en el Paraíso, que Él les revelará" (*Corán*, XLVII). Se hace alusión aquí a la muerte física en guerra, a la «*mors triumphalis*» (muerte victoriosa), que se encuentra en correspondencia perfecta con todas las tradiciones clásicas. La misma doctrina puede de todas formas ser también interpretada en un sentido simbólico: aquel que en la "pequeña guerra" vive una "gran guerra santa", crea en si una fuerza que lo prepara para superar la crisis de la muerte. Pero, igualmente sin haber muerto físicamente, puede, mediante la ascesis de la Acción y la Lucha, experimentar la muerte; puede haber vencido interiormente y haber logrado una "más que vida".

Entendidas esotéricamente, "Paraíso", "Reino de los Cielos" y otras expresiones análogas, no son nada más que símbolos y figuraciones, forjados por el pueblo, de unos trascendentes estados de iluminación, en un plano más elevado que la vida o la muerte. Estas consideraciones deben valer también como premisa para reencontrar los mismos significados bajo el aspecto externo del cristianismo, que la tradición heroica nórdico-occidental se vio forzada a adoptar durante las Cruzadas para poder manifestarse exteriormente. Mucho más de lo que la gente, hoy y en general, está inclinada a creer, en las cruzadas medievales para la "liberación del Templo" y la "conquista de la Tierra Santa" existen evidentes puntos de contacto con la tradición nórdico-aria, donde se hace referencia a la mítica «*Asgard*», la lejana tierra de los *Ases* y de los Héroes, donde la muerte no tiene prisa y donde los habitantes gozan de una vida inmortal y una paz sobrenatural.

La guerra santa aparece como una guerra totalmente espiritual, hasta el punto de poder llegar a ser comparada por los predicadores literalmente con una "purificación, como el fuego del purgatorio antes de la muerte". "Qué mayor gloria que no salir del combate sino cubierto de laureles. Qué gloria mayor que ganar sobre el campo de batalla una corona inmortal", afirma a los Templarios Bernardo de Claraval («*De laude novae militiae*»). La "Gloria Absoluta", aquella que atribuyen los teólogos a Dios en lo más alto del cielo (con su «*in Excelsis Deo*»), es también encargada como propia al cruzado. Sobre este telón de fondo se situaba la «Santa Jerusalén», bajo ese doble aspecto: como ciudad terrestre y como ciudad celeste, y la Cruzada como una gran elevación que conduce realmente a la inmortalidad. Los actos de los militares de las cruzadas, altos y bajos, produjeron inicialmente sorpresas, confusión, y hasta crisis de fe, pero tuvieron después como único efecto purificar la idea de la «Guerra Santa» de todo residuo de materialismo. Sin dudarlo, el fin desafortunado de una Cruzada es comparado a la Virtud que es perseguida por el Infortunio, en el cual el valor puede ser juzgado y recompensado solamente en relación a una vía, en forma no terrestre. Así se concentraría —mucho más allá de la victoria o de la derrota— el juicio de valor sobre el aspecto espiritual y genuino de la Acción. Así, la «Guerra Santa» vale por si misma, independientemente de su resultado material visible, como medio para alcanzar por el sacrificio activo del elemento humano una realización supra-humana.

Y justo esa misma enseñanza, elevada al nivel de expresión metafísica, reaparecerá en un texto indo-ario muy citado y conocido, el «*Bhagavad-Gitâ*». La compasión y los sentimientos humanitarios que impiden al guerrero Aryuna batirse en combate contra el enemigo, son juzgados por el dios [Krishna] como "turbios, indignos de un «*ârya*» (...), que no conducen ni al cielo ni al honor" (*Bhagavad- Gitâ* II, 2). El mandato le dice así: "Si caes muerto, irás al cielo; si sales vencedor, gobernarás la tierra.

Álzate, hijo de Kuntî, dispuesto a combatir" (II, 37). La disposición interior que puede transmutar se da de la forma siguiente: "...Ofrendándome toda acción, el espíritu plegado sobre sí mismo, despojado de esperanzas banales y de visiones interesadas, combate sin aprensiones" (III, 30). En expresiones tan claras se afirma la pureza de la acción: debe ser deseada por sí misma, más allá de toda pasión y de todo impulso humano: "Considera que están en juego el sufrimiento, la riqueza o la miseria, la victoria o la derrota. Prepárate, por tanto, para el combate; y de esta forma evitarás el pecado" (II, 38).

* * *

Como fundamento metafísico suplementario, el dios aclara la diferencia entre aquello que es espiritualidad absoluta —y, como tal, indestructible— y lo que solamente tiene como elemento lo corporal y humano, en una existencia ilusoria. De un lado, el carácter de irrealidad metafísica de aquello que se puede perder como cuerpo y vida mortales que pasan; de otro, Aryûna es conducido, en aquella experiencia, desde una fuerza de manifestación de lo divino a una potencia de irresistible transcendencia. Así, frente a la grandeza de esta fuerza, toda forma condicionada de existencia aparece como una negación. Allí donde esta negación es activamente negada, es decir, allí donde, en el asalto, toda forma condicionada de existencia es invertida o destruída, esta fuerza llega a tener una manifestación terrorífica.

Sólo sobre esta base, exactamente, se puede captar una energía adecuada para producir la transformación heroica del individuo. En la medida en que el guerrero obra en la pureza y el carácter de lo absoluto, aquí indicados, rompe las cadenas de lo humano, evoca lo divino como una fuerza metafísica, atrae sobre sí esta fuerza activa y encuentra en ella su ilusión y su liberación. La palabra crucial corresponde a otro texto —perteneciente también a la misma tradición— y dice: "*La vida es como un arco; el alma es como una flecha; el espíritu absoluto como el blanco a traspasar. Uníos a este gran espíritu, como la flecha lanzada se fija en el blanco*" (*Mârkandeya-purâna*, XLII, 7, 8). Si sabemos ver aquí la más alta forma de realización espiritual mediante la lucha y el heroísmo, es entonces verdaderamente significativo que esta enseñanza sea presentada en el «*Bhagavad-Gitâ*» como continuación de una herencia primordial ario-solar. De hecho, le fue dada por el "Sol" al primer legislador de los arios, Manú, y fue conservada ininterrumpidamente por una gran dinastía de reyes consagrados. En el curso de los siglos esta enseñanza se perdió, y sin embargo fue de nuevo revelada por la divinidad, no a un devoto sacerdote sino a un representante de la nobleza guerrera: Aryûna.

* * *

Lo que hemos tratado hasta aquí, permite también comprender los significados más interiores que se encuentran en la base de un conjunto de tradiciones clásicas y nórdicas. Así, como punto de referencia, habrá que reseñar aquí que en estas

tradiciones antiguas algunas imágenes simbólicas precisas aparecían con una frecuencia singular: éstas son, primero, la imagen del alma como demonio, doble o genio; y enseguida la imagen de las presencias dionisíacas de la diosa de la Muerte y la imagen de una diosa de la Victoria que aparecía a menudo bajo la forma de diosa de la Batalla.

Para la exacta comprensión de todas estas relaciones será muy oportuno clarificar la significación que tiene el alma, que es aquí entendida como demonio, genio o doble. El hombre antiguo simboliza en el demonio o propio doble una fuerza que yace en las profundidades, que es, por decirlo así, "la vida de la vida", en la medida en que ella dirige en general todos los sucesos, tanto corporales como espirituales, a los que la conciencia normal no tiene acceso pero que condicionan sin embargo e indudablemente la existencia contingente y el destino del individuo. Entre esas entidades y las fuerzas místicas de la Raza y de la Sangre existe una muy estrecha ligazón. Así por ejemplo, el demonio aparece bajo numerosos aspectos, parecido a los Dioses Lares, las entidades místicas de un linaje o una generación, de los cuales Macrobio, por ejemplo, nos afirma: "*Son dioses que nos mantienen vivos. Ellos alimentan nuestro cuerpo y guían nuestra alma*".

Así, se puede decir que entre el demonio y la conciencia normal existe una relación del mismo tipo que entre el principio individuante y el principio individuado. El primero es, según las enseñanzas de los antiguos, como una fuerza supra-individual y por tanto superior al nacimiento y a la muerte. El segundo, es decir, el principio individuado, es la conciencia condicionada por el cuerpo y el mundo exterior, destinada normalmente a la disolución o a una supervivencia muy efímera propia del mundo de las sombras. En la tradición nórdica, la imagen de las «*Walkyrias*» tiene más o menos el mismo significado que el demonio. La imagen de una «*Walkyria*» se confunde, en muchos textos, con la de una «*Fylgja*» (literalmente, "acompañante"), es decir, con una entidad espiritual activa en el hombre y a cuya fuerza su destino está sometido. Como «*Kynfylgja*», una «*walkyria*» es —de igual forma que lo son los dioses lares romanos— la fuerza mística de la sangre. Y lo mismo ocurre con las «*Fravashi*» de la tradición ario- irania. El «*Fravashi*» [el espíritu guardián del individuo] —explica un bien conocido orientalista— "es la fuerza íntima de cada ser humano, es la que le sostiene desde el momento que nace y subsiste". Del mismo modo que los dioses lares romanos, las «Fravashi» [gramaticalmente de género femenino] están en contacto simultáneamente con las fuerzas primordiales de una raza y son —como las «Walkyrias»— diosas preponderantes de la guerra, que dan la fortuna y la victoria. Tal es la primera relación que debemos desvelar y descubrir: ¿Qué es lo que esta fuerza tan misteriosa, que representa el alma profunda de la raza y lo trascendental en el interior del hombre, puede tener en común con las diosas de la guerra?. Para comprender bien este punto habrá que recordar que los antiguos indo-germanos tenían una concepción de la propia inmortalidad, por así decirlo, aristocrática, diferenciada.

No todos escaparían a la disolución, a esta supervivencia lemúrica de la que «*Hades*» y «*Niflheim*» eran antiguas imágenes simbólicas... La inmortalidad fue un privilegio de muy pocos, y, según la concepción aria, principalmente un privilegio heroico. El hecho de sobrevivir —no como sombra sino como semidiós— está reservado solamente a aquellos a los que sus acciones espirituales han elevado de una a otra naturaleza. Aquí no puedo, por desgracia, suministrar las pruebas para justificar lo que doy como afirmación: técnicamente, esas acciones espirituales logran transformar el yo individual, el de la conciencia humana normal, en una fuerza profunda, supra-individual, la fuerza individuante, que está más allá del nacimiento y de la muerte y a la cual, como se dijo, corresponde el concepto de "demonio". Pero, sin embargo, el demonio está mucho más allá de todas las formas finitas en que se manifiesta, y esto porque no representa solamente la fuerza primordial de toda una raza sino también el aspecto de la intensidad.

El paso brusco de la conciencia ordinaria hacia esta fuerza, simbolizada por el demonio, suscitaba, por consiguiente, una crisis destructiva, parecida a un relámpago, como fruto de una tensión de potencial demasiado alto en y para el circuito humano. Suponemos por ello que, en condiciones excepcionales, el demonio puede igualmente aparecer en el individuo y hacerle experimentar una transcendencia de tipo destructiva, y así, en este caso, se produciría una especie de experiencia activa de la muerte, y la segunda relación aparecía por tanto muy claramente, es decir, porque la imagen del doble o demonio en los mitos de la antigüedad pudo ser confundida con la divinidad de la muerte. En la vieja tradición nórdica, el guerrero ve a su propia *walkyria* en el mismo instante de la muerte o del peligro mortal.

Vayamos más lejos. En la ascesis religiosa los medios preferidos son la mortificación, la renuncia al Yo y la tensión en el desamparo de Dios, a través de los cuales se busca precisamente provocar la crisis mencionada y superarla positivamente. Expresiones como "muerte mística" o bien "noche oscura del alma", etc., etc., que indican esta condición, son de todos conocidas. De forma opuesta, en el cuadro de una tradición heroica, el camino hacia el mismo fin está representado por la tensión activa, por la liberación dionisíaca del elemento Acción. Observamos, por ejemplo, al nivel más bajo de la fenomenología correspondiente, la danza empleada como técnica sacra para evocar y suscitar, a través del éxtasis del alma, fuerzas subyacentes en las profundidades. En la vida del individuo liberado por el ritmo dionisíaco se inserta otra vida, casi como el florecimiento de su raíz basal. Las Erinias, las Furias, la "Horda salvaje" y otras varias entidades espirituales análogas, representan esta fuerza en términos simbólicos. Todas corresponden por consiguiente a una manifestación del demonio en su trascendencia aterradora y activa.

A un nivel más elevado se sitúan ya los sacros juegos guerreros y deportivos, y todavía aún más alto se encuentra la misma guerra. Así retornamos de nuevo a la concepción aria primordial y a la ascesis guerrera. En la cumbre del peligro del combate heroico se reconoce la posibilidad de esta experiencia supra-normal. Así, la expresión latina "*ludere*", jugar o desempeñar un papel —combatir—, parece contener la idea de resolución (Bruckmann, *Indogerm. Forschungen*, XVIII, 433). Ésa es una de las numerosas alusiones a la virtud encerrada en el combate, la de desatarse de las limitaciones individuales, de hacer emerger fuerzas libres escondidas en la profundidad.

De aquí deriva el fundamento de la tercera asimilación: los Demonios, los Dioses Lares —como el Yo individuante—, son idénticos no solamente a las Furias, las Erinias y a las otras naturalezas dionisíacas desencadenadas —que, por su parte, tienen muchas características comunes con el deseo de muerte—, sino que tienen también igual significación, por su relación con las vírgenes que conducen a los héroes al asalto en la batalla, que las «*Walkyrias*» y que las «*Fravashi*». Así, las «*Fravashi*» son descritas en los textos sagrados, por ejemplo, como "las aterradoras, las todopoderosas", "aquellas que escuchan y dan la victoria al que las invoca", o, para decirlo ya más claramente, a aquel que las invoca en el interior de sí mismo.

Así como las Furias y las Erinias nos reflejan una manifestación especial de desencadenamiento y de irrupción demoníaca —y las Diosas de la Muerte, «*Walkyrias*», «*Fravashi*», etc., se relacionan con las mismas situaciones, en la medida en que son posibles a través de un combate heroico—, de igual forma la Diosa de la Victoria es la expresión del triunfo del yo sobre este poder. Indica la tensión victoriosa respecto de una condición situada más allá del peligro, inserto en el éxtasis y en las formas de destrucción sub-personales, un peligro siempre emboscado detrás del momento frenético de la gran acción dionisíaca, y también de la acción heroica. El impulso hacia un estado espiritual realmente suprapersonal, que nos hace libres, inmortales, interiormente indestructibles, lo ilustra la frase "convertir dos en uno" (los dos elementos de la esencia humana), que se sintetiza pues en esta representación de la conciencia mítica.

Pasemos ahora al significado dominante de estas tradiciones heroicas primordiales, es decir, a esta concepción mística de la Victoria. Aquí la premisa fundamental es que una correspondencia eficaz entre física y metafísica, entre visible e invisible, fue conocida allí donde los actos del espíritu influían en la victoria efectiva. Entonces, todos los aspectos materiales de la victoria militar se convierten en expresión de una acción espiritual que ha suscitado la victoria, en el punto en que exterior e interior se tocan. La victoria aparecería como signo tangible para una consagración a un renacimiento místico acometido en el mismo dominio.

Las Furias y la Muerte, que el guerrero había afrontado materialmente en el campo de batalla, se le oponen también interiormente en el plano espiritual bajo la forma de una irrupción amenazante de las fuerzas primordiales de su ser. En la medida en que triunfe sobre ellas, la victoria es suya. En este contexto se explica también la razón por la que cada victoria toma especial significado sacro en el mundo ligado a la tradición. Y de esta forma el jefe del ejército, aclamado en los campos de batalla, ofrecía la experiencia y la presencia de esta fuerza mística que lo transformaba a él. El sentido profundo del carácter supra-terrestre emergente de la gloria y de la heroica divinidad del vencedor se hace así más comprensible, y de ahí el hecho de que la antigua tradición romana del Triunfo tuviese rasgos más sagrados que militares: el simbolismo recurrente en las tradiciones arias primordiales de Victorias, «*Walkyrias*» y otras entidades análogas que guían al "cielo" el alma del guerrero... Y de ahí también el mito del héroe victorioso, como el Hércules dorio que obtiene de Niké, "la Diosa de la Victoria", la corona que le hace partícipe de la inmortalidad olímpica. Este símbolo se manifiesta ahora bajo una luz muy diferente, y en adelante resulta claro que es totalmente falso y superficial este modo ignorante de ver que no querría distinguir en todo esto nada más que simple "poesía", retórica y fábula.

La teología mística actual enseña que en la Gloria se cumple la transfiguración espiritual santificante, y toda la iconografía cristiana rodea la cabeza de los santos y mártires con la aureola de la gloria. Todo nos indica que se trata de una herencia, aunque muy debilitada, de nuestras tradiciones heroicas más elevadas. La tradición ario-irania en efecto ya conocía el fuego celeste entendido como gloria —«Hvareno»—, que desciende sobre los reyes y verdaderos jefes, los hace inmortales y les permite llevar así el testimonio de la victoria... La antigua corona real de rayos simbolizaba exactamente la gloria como fuego solar y celeste. Luz, esplendor solar, gloria, victoria, realeza divina, son esas imágenes que se encontraban en el seno del mundo ario en la más estrecha relación, no como abstracciones o invenciones del hombre sino con el claro significado de fuerzas y dominios absolutamente reales. Y en este contexto, la doctrina mística de la lucha y de la victoria representa para nosotros un vértice luminoso de nuestra común concepción de la acción en el sentido tradicional.

Esta concepción tradicional nos habla hoy de forma todavía comprensible para nosotros, a condición, naturalmente, de que nos desviemos de sus manifestaciones exteriores y condicionadas por el tiempo. Entonces, al igual que en el presente, se quiere así superar esta espiritualidad cansina, anémica o basada en simples especulaciones abstractas o en mortecinos sentimientos piadosos, a la vez que se sobrepasa también la degeneración materialista de la acción. ¿Se puede encontrar para esta tarea mejores puntos de referencia que los ideales mencionados del ario primordial?. Pero hay mucho más. Las tensiones materiales y espirituales son comprimidas hasta tal punto en el Occidente de estos últimos años, que no pueden ser ya resueltas más que a través del combate. Con la guerra actual, una época es dominada y transformada en la dinámica de una nueva civilización tan sólo por unas ideas abstractas, unas premisas universalistas o por medio de mitos ya conocidos irracionalmente.

Ahora, una acción mucho más profunda y esencial se impone, para que mucho más allá de las ruinas de un mundo subvertido y condenado una nueva época comience para Europa. Sin embargo, en esta perspectiva mucho dependerá de cómo el individuo pueda dar forma a la experiencia del combate, es decir, si estará a la altura de asumir el heroísmo y el sacrificio como una *catarsis* propia, como un medio de liberación del despertar interior, no solamente para la salida definitiva y victoriosa de los sucesos de este período tempestuoso, sino aun también para dar una forma y un sentido al orden que surgirá de la victoria. Esta tarea de nuestros combatientes —interior, invisible, apartada de gestos y grandes palabras—, tendrá un carácter decisivo. Es en la batalla misma donde es necesario despertar y templar esta fuerza que, más allá de la tormenta de la sangre y de las privaciones favorecerá, con un nuevo esplendor y una paz todopoderosa, la nueva creación. Por esto, se debería aprender hoy sobre el campo de batalla la acción pura, una acción no solamente en el sentido de ascesis viril sino también de gran purificación y de camino hacia formas superiores de vida, válidas en sí mismas y por ellas mismas, lo que, no obstante, tiene en cierta forma el sentido de una vuelta a la tradición primordial del ario-occidental.

Desde los tiempos antiguos resuenan todavía hasta nosotros las palabras: "la vida, como un arco; el alma, como una flecha; y el espíritu absoluto, como un blanco a traspasar". Ya que aquel que, todavía hoy, vive la batalla en el sentido de esta identificación, ése persistirá en pie allí donde los otros caerán; tendrá una fuerza invencible. Este hombre nuevo vencerá en sí todo el drama y toda oscuridad, todo el caos, y representará la llegada de los nuevos tiempos, el comienzo de un nuevo desarrollo... Este heroísmo de los mejores, según la tradición aria primordial, puede realmente asumir una función evocadora, es decir, la función de restablecer de nuevo el contacto — adormecido desde hace muchos siglos— entre mundo y supra- mundo. Entonces el combate no se convertirá en una horrible gran carnicería, no tendrá el sentido de un destino desesperado, condicionado únicamente por el único deseo de ganar poder, sino que será la prueba del derecho y de la misión de un gran pueblo. Entonces la paz no significará un ahogo en la oscuridad burguesa cotidiana, ni el alejamiento de la tensión espiritual de la lucha en batalla, sino que tendrá, todo lo contrario, el sentido de un cumplimiento de ella.

Es también por ella que queremos hacer nuestra, de nuevo, la profesión de fe de los antiguos, tal como se expresa y muy bien, en las siguientes palabras: "*La sangre de los héroes es más sagrada que la tinta de los sabios y las plegarias de los devotos*". Porque eso se encuentra justamente en la base profunda de la concepción tradicional, según la cual en la "guerra santa" operan, mucho más fuertes que los individuos, las místicas fuerzas primordiales de la raza. Estas fuerzas de los orígenes son las que crean los Imperios.-

Otros libros

OMNIA VERITAS LTD PRESENTA:
JULIUS EVOLA
REVUELTA CONTRA EL MUNDO MODERNO

«Por todas partes, en el mundo de la Tradición, este conocimiento ha estado siempre presente como un eje inquebrantable en torno al cual todo lo demás estaba jerárquicamente organizado.»

Hay un orden físico y un orden metafísico

OMNIA VERITAS LTD PRESENTA:
RENÉ GUÉNON
APERCEPCIONES SOBRE EL ESOTERISMO ISLÁMICO Y EL TAOÍSMO

"En el islamismo, la tradición es de doble esencia, religiosa y metafísica"

Se las compara frecuentemente a la "corteza" y al "núcleo" (el-qishr wa el-lobb)

Omnia Veritas Ltd presenta:
RENÉ GUÉNON
APERCEPCIONES SOBRE LA INICIACIÓN

«A menudo nos concentramos en los errores y confusiones que se hacen sobre la iniciación...»

Somos conscientes del grado de degeneración al que ha llegado el Occidente moderno ...

OMNIAVERITAS

OMNIA VERITAS LTD PRESENTA:

RENÉ GUÉNON
APRECIACIONES SOBRE EL ESOTERISMO CRISTIANO

RENÉ GUÉNON
APRECIACIONES SOBRE EL ESOTERISMO CRISTIANO

« Este cambio convirtió al cristianismo en una religión en el verdadero sentido de la palabra y una forma tradicional ... »

Las verdades esotéricas estaban fuera del alcance del mayor número...

OMNIAVERITAS

Omnia Veritas Ltd presenta:

RENÉ GUÉNON
AUTORIDAD ESPIRITUAL Y PODER TEMPORAL

RENÉ GUÉNON
AUTORIDAD ESPIRITUAL Y PODER TEMPORAL

"La distinción de las castas constituye, en la especie humana, una verdadera clasificación natural a la cual debe corresponder la repartición de las funciones sociales."

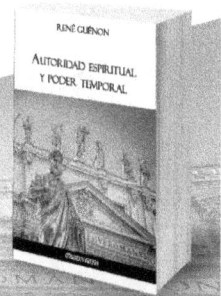

La igualdad no existe en realidad en ninguna parte

OMNIAVERITAS

Omnia Veritas Ltd presenta:

RENÉ GUÉNON
EL ERROR ESPIRITISTA

RENÉ GUÉNON
EL ERROR ESPIRITISTA

En nuestra época hay muchas otras "contraverdades" que es bueno combatir...

Entre todas las doctrinas "neoespiritualistas", el espiritismo es ciertamente la más extendida

OMNIA VERITAS

« Dante indica de una manera muy
explícita que hay en su obra un sentido
oculto, propiamente doctrinal, del que
el sentido exterior y aparente no es más
que un velo »

Omnia Veritas Ltd presenta:

RENÉ GUÉNON

EL ESOTERISMO DE DANTE

RENÉ GUÉNON

EL ESOTERISMO DE DANTE

... y que debe ser buscado por aquellos que son capaces de penetrarle

OMNIA VERITAS

"Cuando consideramos lo que es la
filosofía en los tiempos modernos, no
podemos impedirnos pensar que su
ausencia en una civilización no tiene
nada de particularmente lamentable."

Omnia Veritas Ltd presenta:

RENÉ GUÉNON

EL HOMBRE Y SU DEVENIR SEGÚN EL VÊDÂNTA

RENÉ GUÉNON

EL HOMBRE Y SU DEVENIR SEGÚN EL VÊDÂNTA

El Vêdânta no es ni una filosofía, ni una religión

OMNIA VERITAS

« Porque todo lo que existe de
alguna manera, incluso el error,
necesariamente tiene su razón de
ser »

OMNIA VERITAS LTD PRESENTA:

RENÉ GUÉNON

EL REINO DE LA CANTIDAD Y
LOS SIGNOS DE LOS TIEMPOS

RENÉ GUÉNON

EL REINO DE LA CANTIDAD Y
LOS SIGNOS DE LOS TIEMPOS

... y el desorden en sí mismo debe encontrar su lugar entre los elementos del orden universal

OMNIA VERITAS

OMNIA VERITAS LTD PRESENTA:

RENÉ GUÉNON
EL REY DEL MUNDO

RENÉ GUÉNON
EL REY DEL MUNDO

"Un principio, la Inteligencia cósmica que refleja la Luz espiritual pura y formula la Ley"

El Legislador primordial y universal

OMNIA VERITAS

Omnia Veritas Ltd presenta:

RENÉ GUÉNON
EL SIMBOLISMO DE LA CRUZ

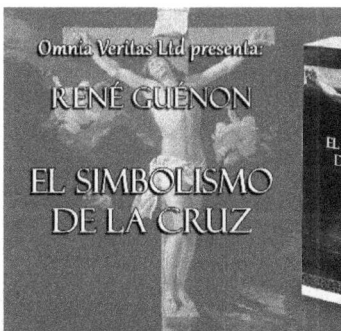

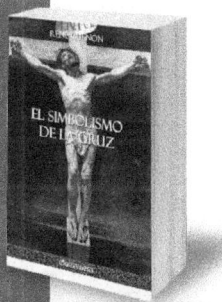

EL SIMBOLISMO DE LA CRUZ

«La consideración de un ser en su aspecto individual es necesariamente insuficiente»

... puesto que quien dice metafísico dice universal

OMNIA VERITAS

OMNIA VERITAS LTD PRESENTA:

RENÉ GUÉNON
EL TEOSOFISMO
HISTORIA DE UNA SEUDORELIGIÓN

EL TEOSOFISMO
HISTORIA DE UNA SEUDORELIGIÓN

"Nuestra meta, decía entonces Mme Blavatsky, no es restaurar el hinduismo, sino barrer al cristianismo de la faz de la tierra"

El término teosofía sirvió como una denominación común para una variedad de doctrinas

Omnia Veritas

Omnia Veritas Ltd presenta:

RENÉ GUÉNON

LA GRAN TRÍADA

«En todo ternario tradicional, cualesquiera que sea, se quiere encontrar un equivalente más o menos exacto de la Trinidad cristiana»

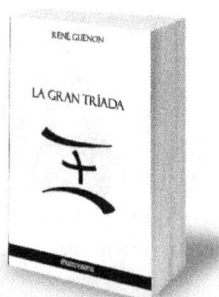

se trata muy evidentemente de un conjunto de tres aspectos divinos

Omnia Veritas

Omnia Veritas Ltd presenta:

RENÉ GUÉNON

LA METAFÍSICA ORIENTAL Y SAN BERNARDO

« La metafísica pura, al estar por esencia fuera y más allá de todas las formas y de todas las contingencias »

no es ni oriental ni occidental, es universal

Omnia Veritas

Omnia Veritas Ltd presenta:

RENÉ GUÉNON

LOS ESTADOS MÚLTIPLES DEL SER

«Según la significación etimológica del término que le designa, el Infinito es lo que no tiene límites»

La noción del Infinito metafísico en sus relaciones con la Posibilidad universal

ΩMNIA VERITAS

Omnia Veritas Ltd presenta:

RENÉ GUÉNON

LOS PRINCIPIOS DEL
CÁLCULO INFINITESIMAL

RENÉ GUÉNON

LOS PRINCIPIOS DEL
CÁLCULO INFINITESIMAL

«... nos ha parecido útil emprender
este estudio para precisar algunas
nociones del simbolismo
matemático»

Esa ausencia de principios que caracteriza a las ciencias profanas

ΩMNIA VERITAS

Omnia Veritas Ltd presenta:

RENÉ GUÉNON

MISCELÁNEA

RENÉ GUÉNON

MISCELÁNEA

"Hay cierto número de problemas que
constantemente han preocupado a los
hombres, pero quizás ninguno ha
parecido generalmente tan difícil de
resolver como el del origen del Mal"

Este dilema es insoluble para aquellos que consideran la Creación como la obra directa de Dios

ΩMNIA VERITAS

Omnia Veritas Ltd presenta:

RENÉ GUÉNON
ORIENTE Y OCCIDENTE

RENÉ GUÉNON
ORIENTE
Y
OCCIDENTE

«La civilización occidental
moderna aparece en la historia
como una verdadera
anomalía...»

Esta civilización es la única que se ha desarrollado en un aspecto puramente material

OMNIA VERITAS

Omnia Veritas Ltd presenta:

HISTORIA PROSCRITA
II
LA HISTORIA SILENCIADA
DE ENTREGUERRAS

POR

VICTORIA FORNER

"El verdadero crimen es acabar una guerra con el fin de hacer inevitable la próxima."

EL TRATADO DE VERSALLES FUE "UN DICTADO DE ODIO Y DE LATROCINIO"

OMNIA VERITAS

Omnia Veritas Ltd presenta:

HISTORIA PROSCRITA
III
LA II GUERRA MUNDIAL
Y LA POSGUERRA

POR

VICTORIA FORNER

Distintas fuerzas trabajaban para la guerra en los países europeos

MUCHOS AGENTES SERVÍAN INTERESES DE UN PARTIDO BELICISTA TRANSNACIONAL

OMNIA VERITAS

Omnia Veritas Ltd presenta:

HISTORIA PROSCRITA
IV
HOLOCAUSTO JUDÍO,
NUEVO DOGMA DE FE
PARA LA HUMANIDAD

POR

VICTORIA FORNER

Nunca en la historia de la humanidad se había producido una circunstancia como la que estudiaremos...

UN HECHO HISTÓRICO SE HA CONVERTIDO EN DOGMA DE FE

OMNIA VERITAS

Omnia Veritas Ltd presenta:

EUROPEA Y LA IDEA DE NACIÓN
seguido de
HISTORIA COMO SISTEMA
por
JOSÉ ORTEGA Y GASSET

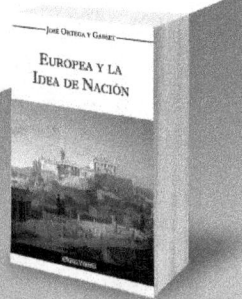

Pero la nación europea llegó a ser "nación" porque añadiera formas de vida que pretenden representar una "manera de ser hombre"

EUROPEA Y LA IDEA DE NACIÓN

Un programa de vida hacia el futuro

OMNIA VERITAS

Omnia Veritas Ltd presenta:

FRANCO
por
JOAQUÍN ARRARÁS

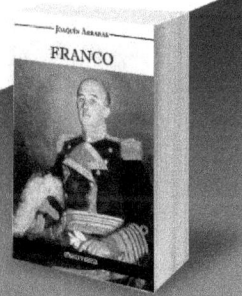

"La alegría del alma está en la acción." De Marruecos sube un estruendo bélico, que pasa como un trueno sobre España.

FRANCO

Caudillo de la nueva Reconquista, Señor de España

OMNIA VERITAS

Omnia Veritas Ltd presente:

LA GUERRA OCULTA
de
Emmanuel Malynski

En esencia, *La Guerra Oculta* es una metafísica de la historia, es la concepción de la perenne **lucha entre dos opuestos** órdenes de fuerzas...

LA GUERRA OCULTA

La Guerra Oculta es un libro que ha sido calificado de "maldito"

El análisis más anticonformista de los hechos históricos

Omnia Veritas Ltd presenta:

REFLEXIONES de un PSICOTERAPEUTA LATINOAMERICANO

de **JUAN MANUEL VALVERDE**

Estos trabajos, algunos de los cuales tienen más de treinta años, reflejan mi continua búsqueda de la elaboración de mis distorsiones.

Mis ideas partían de lo biológico (los instintos)

Omnia Veritas Ltd presenta:

SINFONÍA EN ROJO MAYOR

de **JOSÉ LANDOWSKY**

Finanza Internacional, capitalismo-comunista. "Ellos".

Los Rothschilds no eran los tesoreros, sino los jefes del primer comunismo secreto...

Una Radiografía de la Revolución...

Omnia Veritas Ltd presenta:

EL MITO DE LOS 6 MILLONES

El Fraude de los judios asesinados por Hitler

por **Joaquín Bochaca**

"El mayor fraude histórico, político y financiero de todos los tiempos."

La primera victima de la guerra es la verdad

OMNIAVERITAS — Omnia Veritas Ltd presenta:

LA FINANZA, EL PODER
Y
EL ENIGMA CAPITALISTA

por

Joaquín Bochaca

"La gran paradoja de la actual crisis económica es que los hombres no pueden adquirir los bienes que efectivamente han producido..."

Los beneficiarios de la demencial situación que padece el mundo

OMNIAVERITAS — Omnia Veritas Ltd presenta:

LA HISTORIA DE
LOS VENCIDOS

por

Joaquín Bochaca

"Este no es un libro en defensa de Alemania. Es un libro en defensa de la Verdad."

LA HISTORIA DE LOS VENCIDOS
El suicidio de Occidente

En este libro se sostiene una opinión basada en el principio de causalidad

OMNIAVERITAS — Omnia Veritas Ltd presenta:

LOS CRÍMENES DE
LOS "BUENOS"

por

Joaquín Bochaca

"Pero yo creo, tozudamente, estúpidamente, en la Verdad. Quiero creer en la Verdad."

LOS CRÍMENES DE LOS "BUENOS"

Vivimos en plena falsificación histórica